Contemplar

Este libro pertenece a...

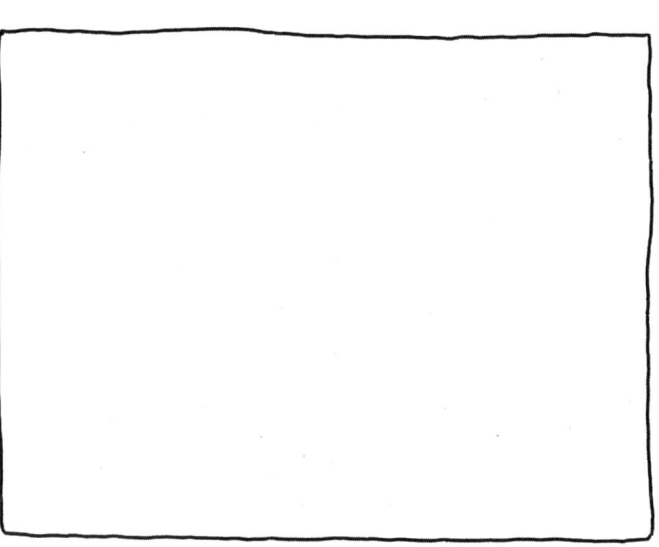

Nombre, edad,

fecha, lugar, etcétera.

Papel certificado por el Forest Stewardship Council®

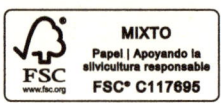

MIXTO
Papel | Apoyando la
silvicultura responsable
FSC® C117695
FSC
www.fsc.org

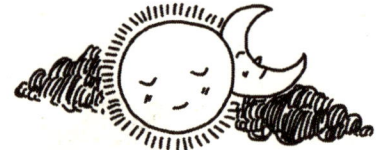

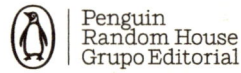

Penguin
Random House
Grupo Editorial

Título original: *Slow Noticing: A Journal for Drawing Your World, Inside and Out*

Primera edición: noviembre de 2024

© 2023, Mia Nolting
© 2024, Penguin Random House Grupo Editorial, S. A. U.
Travessera de Gràcia, 47-49. 08021 Barcelona
© 2024, derechos de edición mundiales en lengua castellana:
Penguin Random House Grupo Editorial, S. A. de C. V.
Blvd. Miguel de Cervantes Saavedra núm. 301, 1er piso,
colonia Granada, alcaldía Miguel Hidalgo, C. P. 11520,
Ciudad de México

© 2024, Susana Margarita Olivares Bari, por la traducción
Mia Nolting, por diseño de interiores

Printed in Spain – Impreso en España

ISBN: 978-84-03-52159-9
Depósito legal: B-16035-2024

Impreso en Black Print CPI Ibérica
Sant Andreu de la Barca (Barcelona)

AG 2 1 5 9 A

Contemplar

Un diario para
dibujar tu mundo
por dentro y por fuera

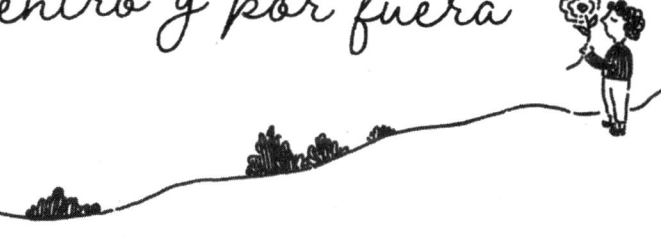

mia Nolting

AGUILAR

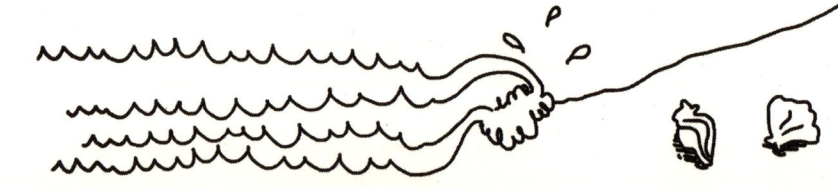

Para Mikko

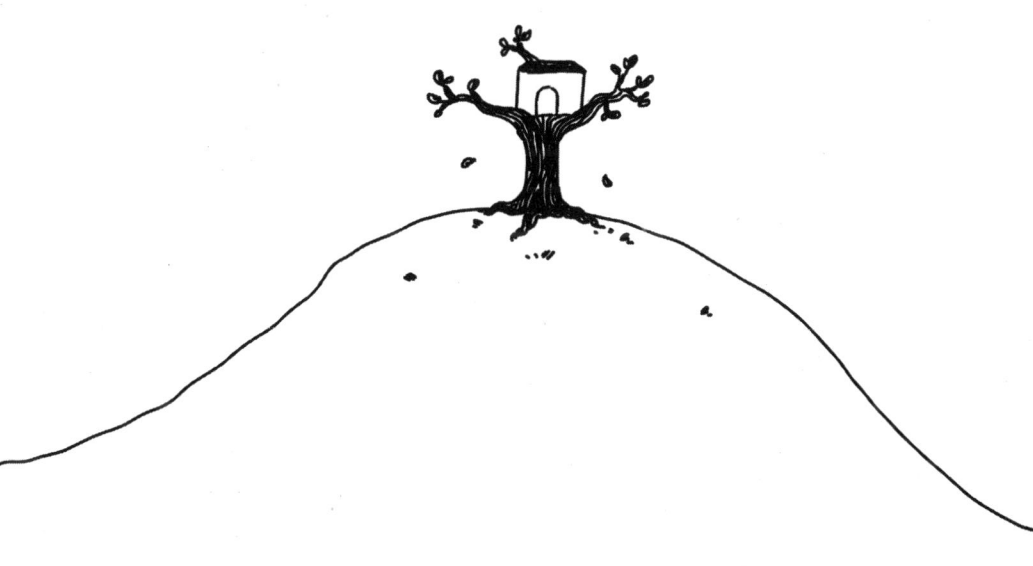

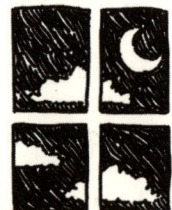

Introducción

Este libro está inspirado por ese hábito que he tenido siempre de llevar una libreta de dibujo a todos lados. Contiene pautas de dibujo que te piden que observes tus mundos interno y externo, a fin de que veas las cosas que, de otra manera, podrías perderte.

Es un diario de atención plena que se basa en dibujos, o bien un diario de dibujos que se basa en la atención plena. Se inspira en los principios de la terapia artística, aunque no soy una terapeuta artística.

La meta no es que finalices cada dibujo, aunque eso bien podría suceder, sino que te des un tiempo para registrar aquello que vas sintiendo.

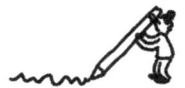

Dibujemos ventanas.

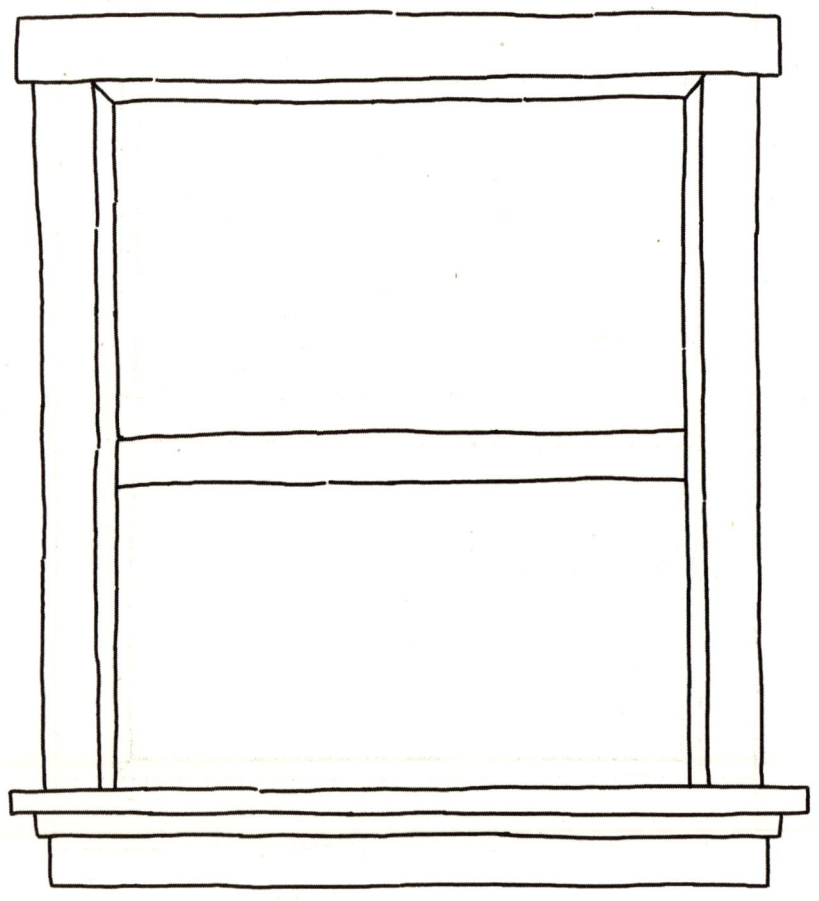

¿Qué es lo que ves cuando miras hacia fuera?

¿Qué es lo que ves cuando miras hacia dentro?

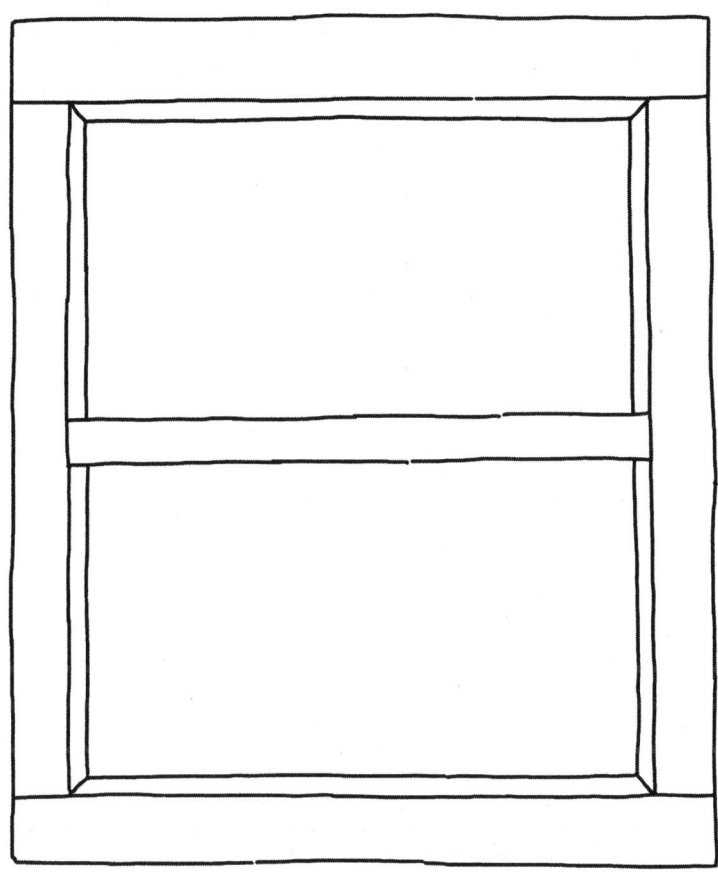

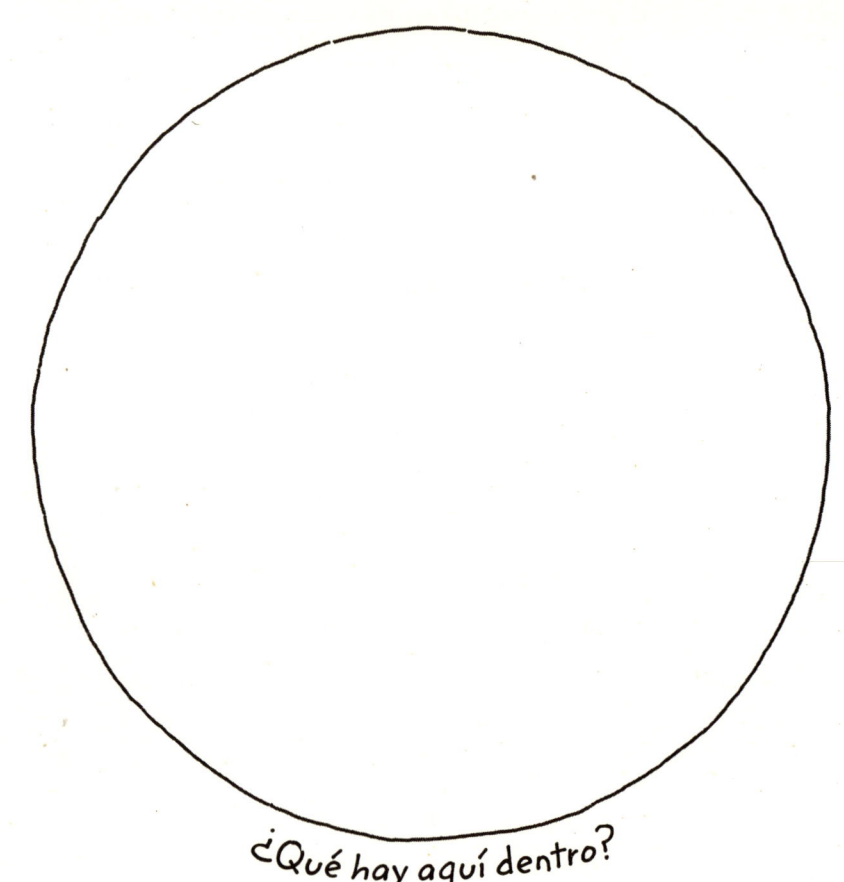

¿Qué hay aquí dentro?

¿Qué no hay?

Traza la trayectoria de una hormiga,
o de una araña, o
de algún insecto pequeño que se esté moviendo.

Ramas hacia arriba.

¿Son rígidas o flexibles?
¿Están enredadas y tienen
espinas?

¿Hay brotes y hojas?
¿Están derechas o retorcidas?

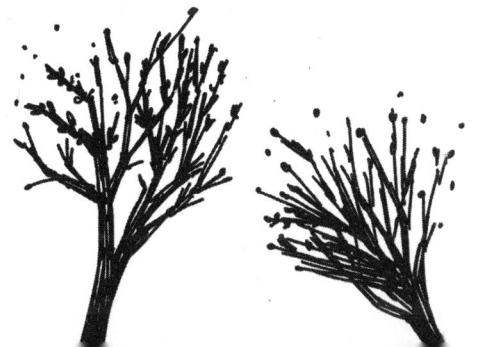

Dibuja algo azul
   (la noche, las sombras, el inconsciente,
    estar dormido, el invierno, estar sumergido, el silencio).

Dibuja algo amarillo
(la luz, el día, la energía, el verano, estar
despierto, estar atento, estar expuesto).

Dibuja un reloj para contar respiraciones.

Un reloj para contar hacia atrás.

Un reloj para las estaciones del año.

Constelaciones.
· · · · · · · · · · · · · · · · · · ·

¿Cuándo unes
los puntos?

¿Cuándo los puntos forman una figura?

Mira a la distancia.

Dibuja algo que puedas ver
en primer plano.

Dibuja algo que no puedas ver

en primer plano.

Dibuja algo que puedas ver
en el plano medio.

Dibuja algo que no puedas ver
en el plano medio.

Dibuja algo que puedas
ver al fondo.

Dibuja algo que no puedas
ver al fondo.

Dibuja algo que se encuentre en el fondo
de tu mente.

Dibuja soles.

¿Cuántos soles tiene tu cielo?

Dibuja cinco cosas que notes
en el mundo físico.

Dibuja cinco cosas que notes
en tu mundo interno.

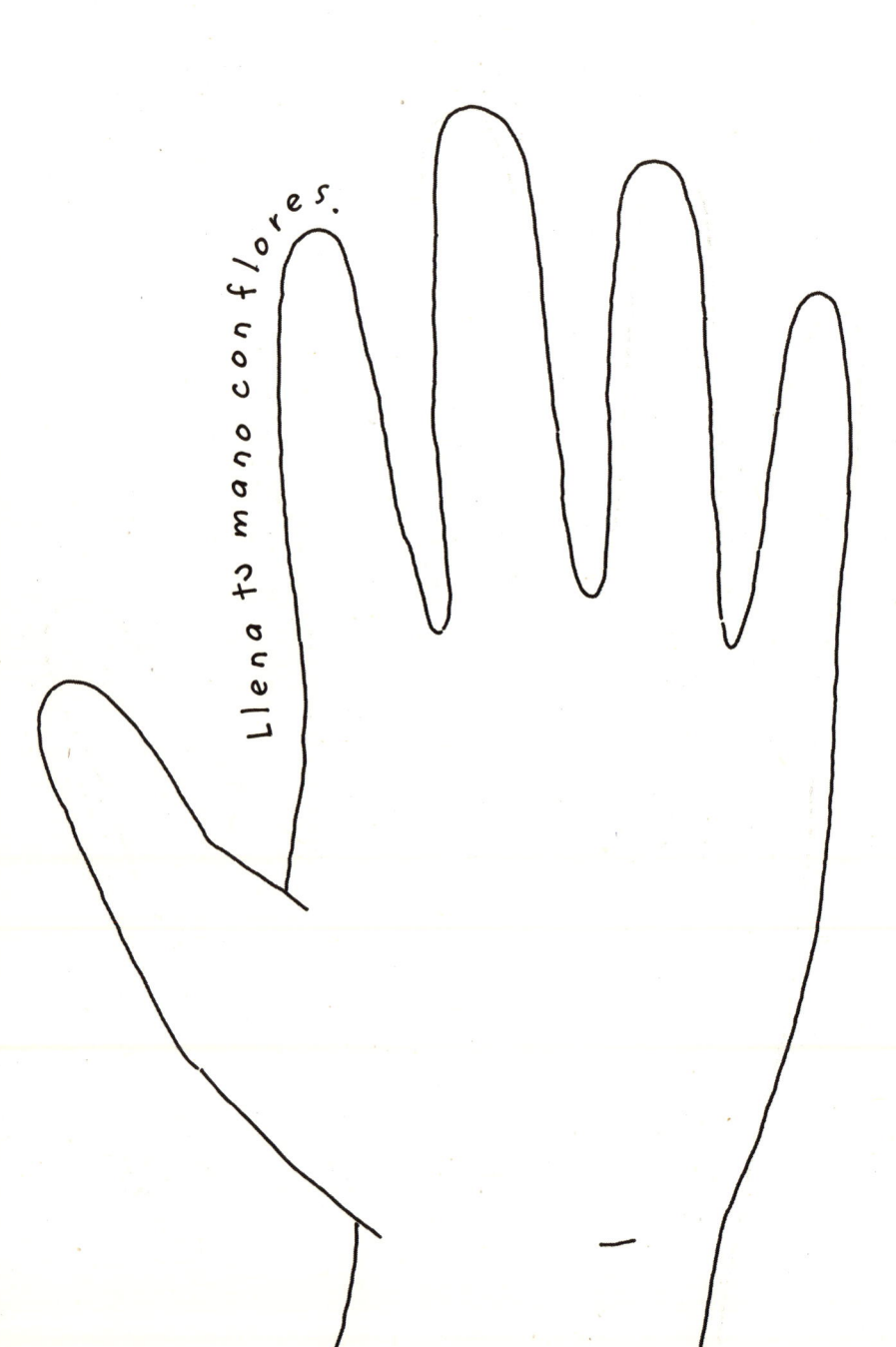

Llena tu mano con flores.

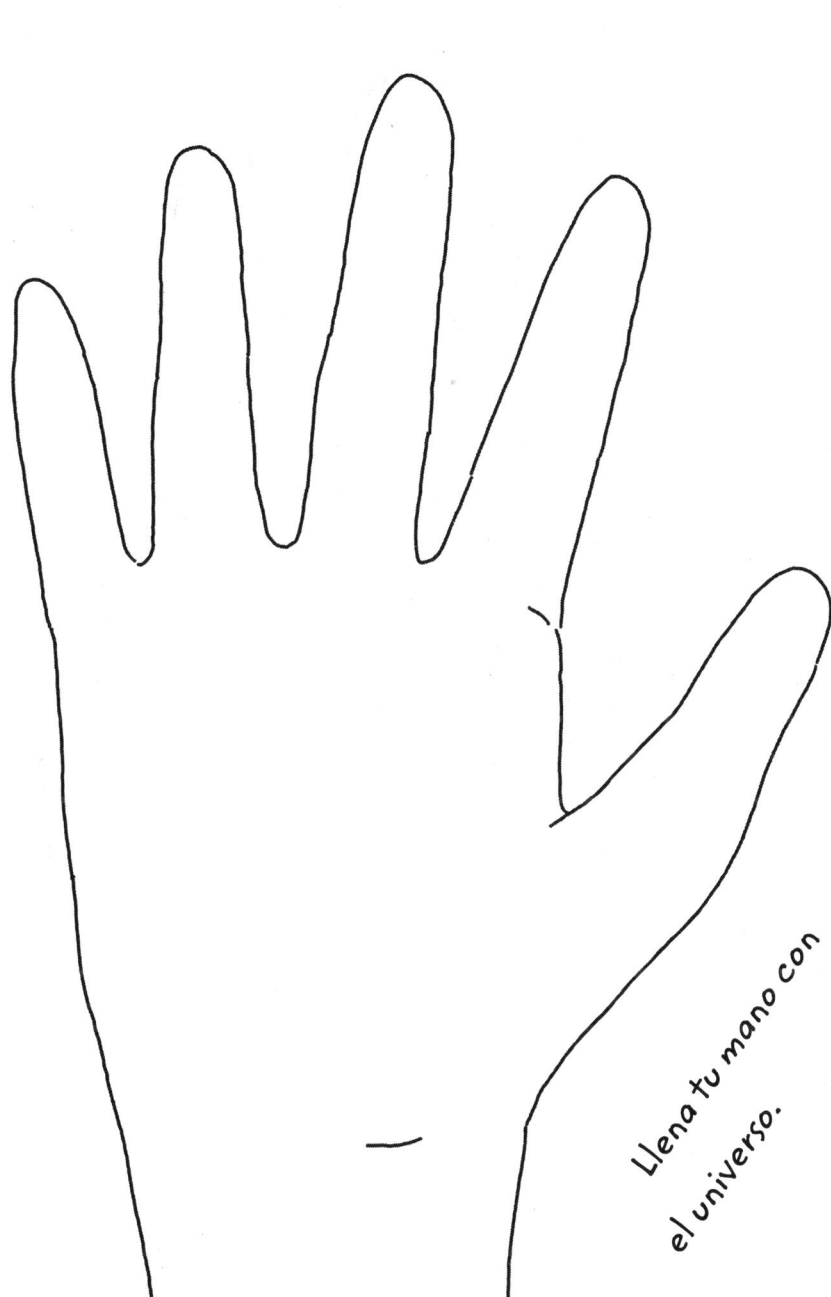

Llena tu mano con el universo.

Dibujemos el horizonte.

Natural o creado por humanos,
real o imaginario.

Encuentra una línea en la distancia
y síguela.

Encuentra una línea en tu mente
y síguela.

Imagina el rostro de alguien
que no se encuentra aquí.

¿Cómo es el sonido de su voz?
¿Qué hay detrás de sus ojos?

¿Qué aspecto tiene su mundo?

¿Qué ves
                cuando miras
        a través de sus ojos?

Dibujos para las estaciones del año.

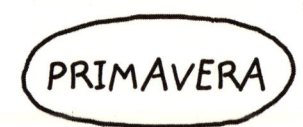

Ideas: peonías, nubes de lluvia,
   despertares, abundancia, optimismo,
lo que florece, lo que se expande...

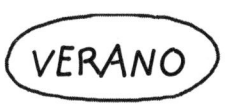

VERANO

Ideas: amarillo, pausa,
verduras, flores silvestres,
bruma, insectos, ríos, luciérnagas...

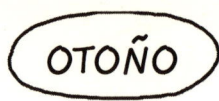

(OTOÑO)

Ideas: cosas inertes, puestas de sol,
    mejillas frías, hojas que caen,
    viento, ocaso…

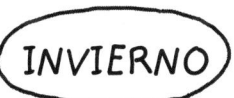

INVIERNO

Ideas: árboles sin hojas, pies fríos,
dormir, azul, silencio,
suavidad, viento, cielo nocturno...

Diferentes máscaras para distintos estados de ánimo.

Dibuja un cuerpo de agua.

Dibuja una pradera.

¿Qué tipo de animales viven en ella?
¿De qué colores son las flores?

¿Puedes ver el subsuelo?

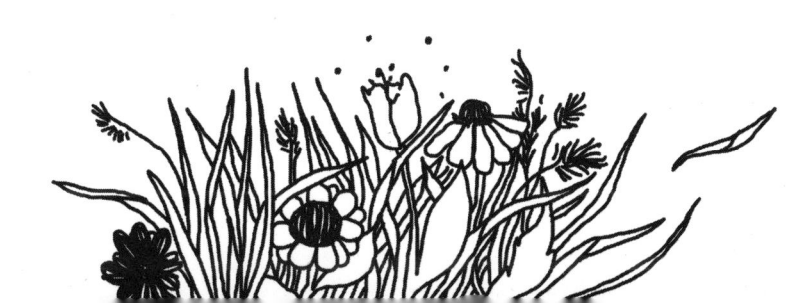

Dibujemos patrones climáticos.

Un cielo de verano.

Un cielo invernal.

Equilibrio y calibración.

¿Qué tiene el mismo peso?

¿Qué se encuentra fuera de equilibrio?

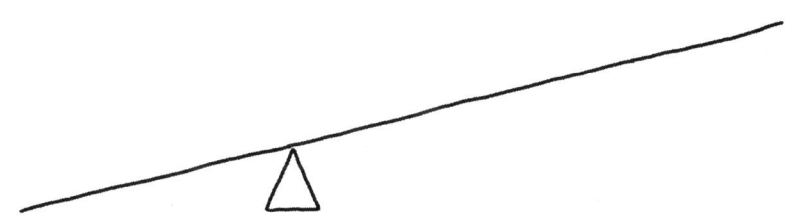

Piensa en tu cuerpo, todo
lo que puede y no puede hacer.

Dibuja una silueta de tu cuerpo y llena el interior
con colores, patrones y formas...

Un recordatorio de que la respiración
siempre está presente:

coloca una marca por cada respiración
hasta que llenes la página.

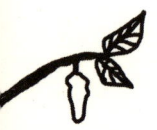

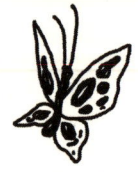

Acerca de la transformación...
dibuja una oruga,
un capullo, una mariposa.

Dibuja una colección de objetos especiales.

Calma y agitación:

Piensa en un momento en el que estuviste relajado.

¿Qué aspecto tiene?

¿Es una escena, un color, un patrón,
un objeto o algo más?

Piensa en algo estresante.

Sostenlo frente a ti
a un brazo de distancia.

Colócalo en este tazón:

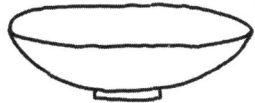

Arroja una luz al interior de una cueva.

¿Es húmeda o seca?
¿Cálida o fresca?
¿Qué vive en ella?

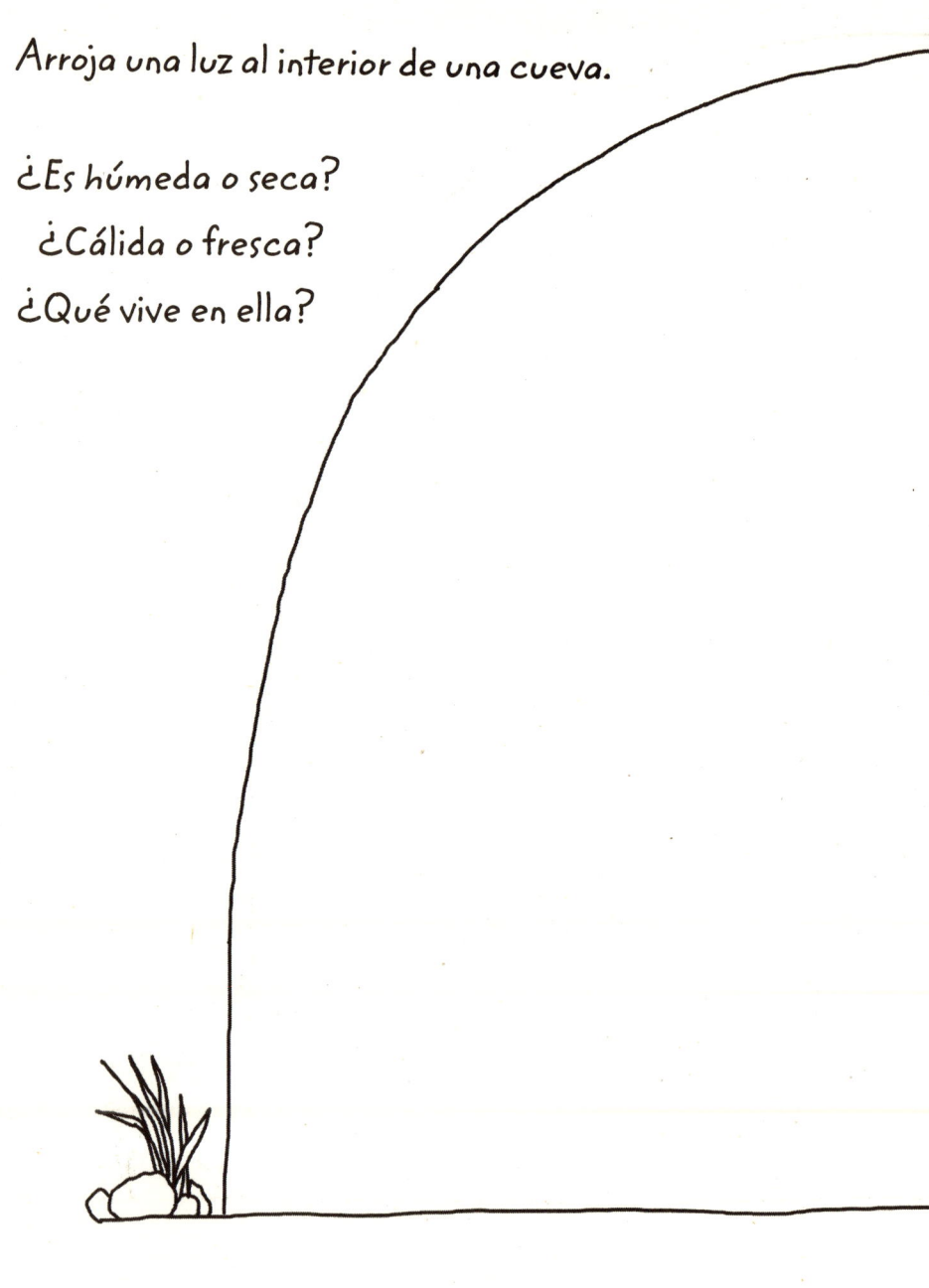

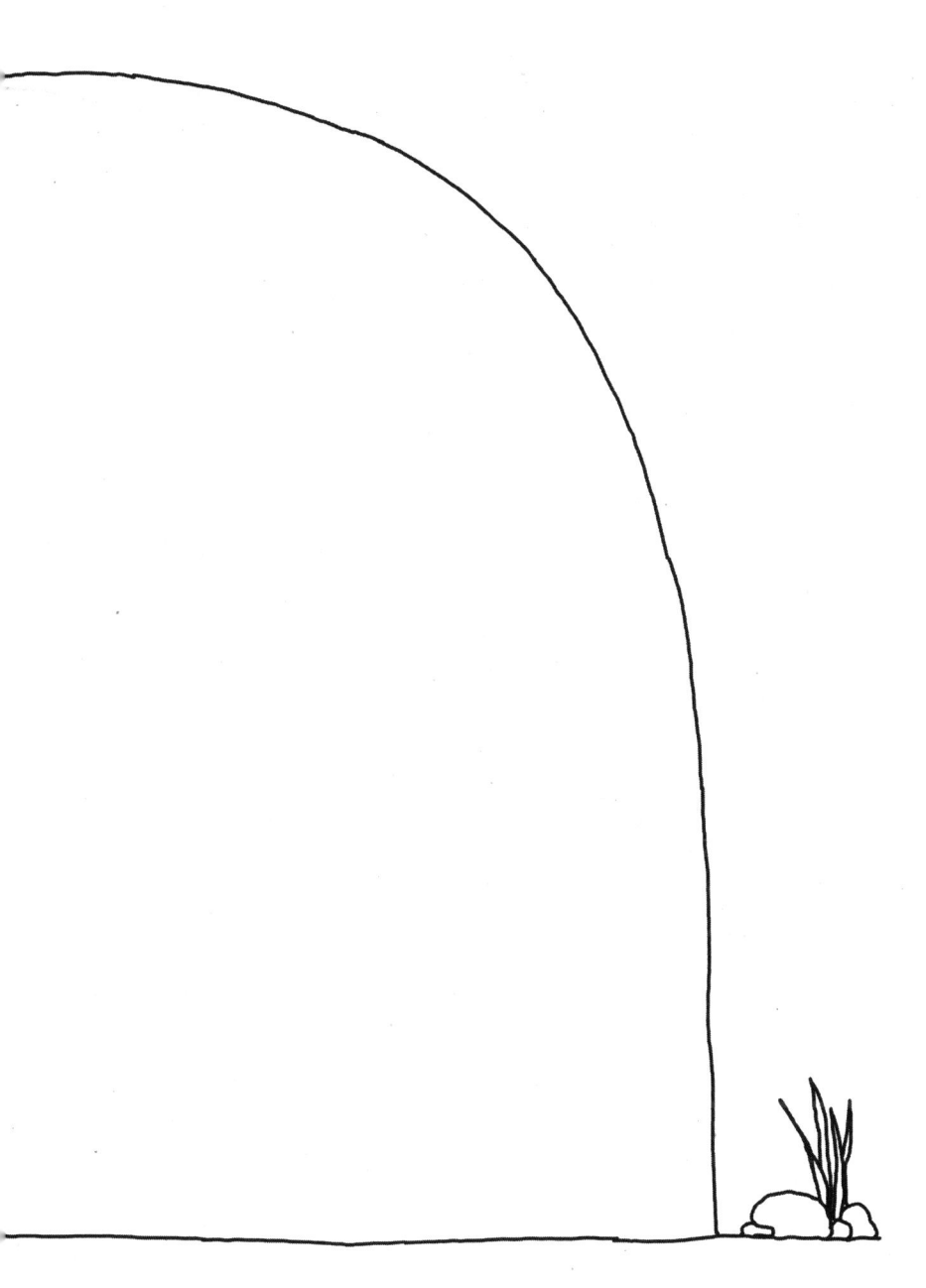

¿Qué hay en las paredes, en el techo y en el suelo?

Símbolos de comunidad:

capas de tierra, huertos,

bosque, jungla, el lecho marino...

Algo muerto y algo vivo.

Umbral:

¿Qué hay detrás de la puerta n.º 1? ¿De la puerta n.º 2?

¿Cuántas puertas más hay?

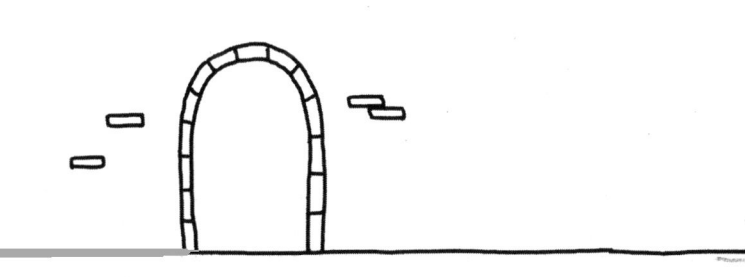

Dibuja un sueño recurrente
        (de cuando estás despierto o dormido).

Dibuja ojos, orejas, narices y bocas.

Únelos, o no.

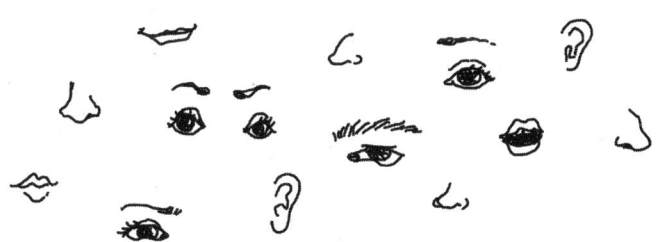

Un huevo en el que crece algo.

¿Qué habrá en el interior?

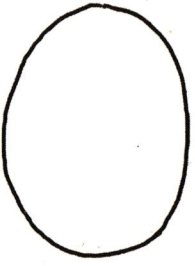

¿En qué se convertirá cuando crezca?

Una reja, una cerca u otro
tipo de frontera.

Dibuja los elementos
   (o un símbolo para identificarlos):

                              Tierra,

   ... aire,

... fuego,

... agua.

Ambientes:

Un paisaje abierto.

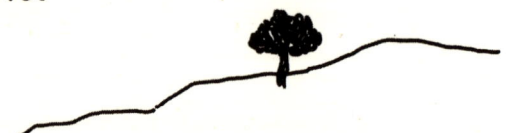

Un bosque espeso.

Dibuja cinco cosas que hayas visto durante el día de hoy.

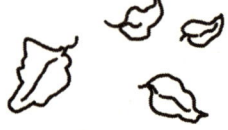

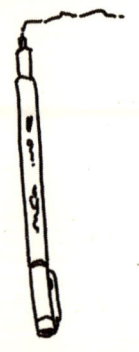

Una mañana de niebla

(¿y cómo se dibuja la niebla?).

Dibuja un fantasma.

El fantasma de un ancestro.

El fantasma de algo o de alguien
de tu pasado.

Dibuja la tierra que habitas vista desde arriba.

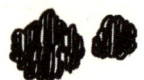

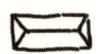

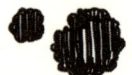

Dibuja una casa hecha de ramas.

Una casa hecha de nubes.

Una casa hecha de pétalos de flores.

Una colección de cosas

que te quepan en una mano.

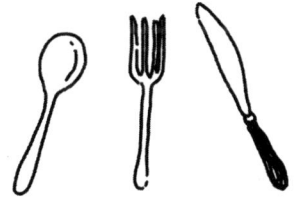

Dibuja una comida imaginaria.

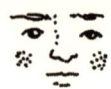

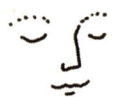

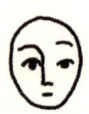

Dibujemos rostros (de nadie en particular).

Briznas de pasto, un campo infinito.

Dibuja a alguien a quien amas
que se encuentre en este mundo...

... que ya no se encuentra en este mundo.

Imagina la tierra de tus ancestros.

¿Es densa?
¿Sobrepoblada?
¿Espaciosa?
¿Fría o cálida?

Altibajos como cumbres montañosas.

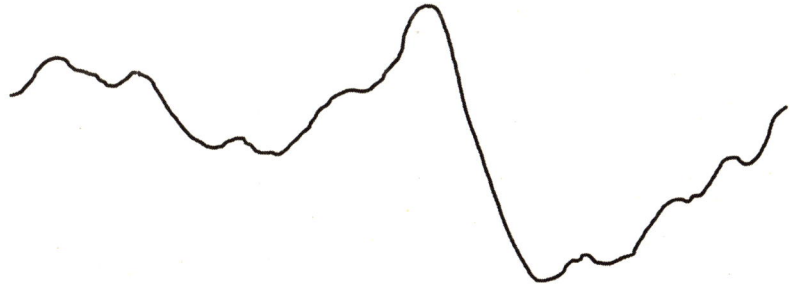

Dibuja algo delicado, superficial,

ligero y contenido.

Dibuja algo profundo, pleno,
amplio y expansivo.

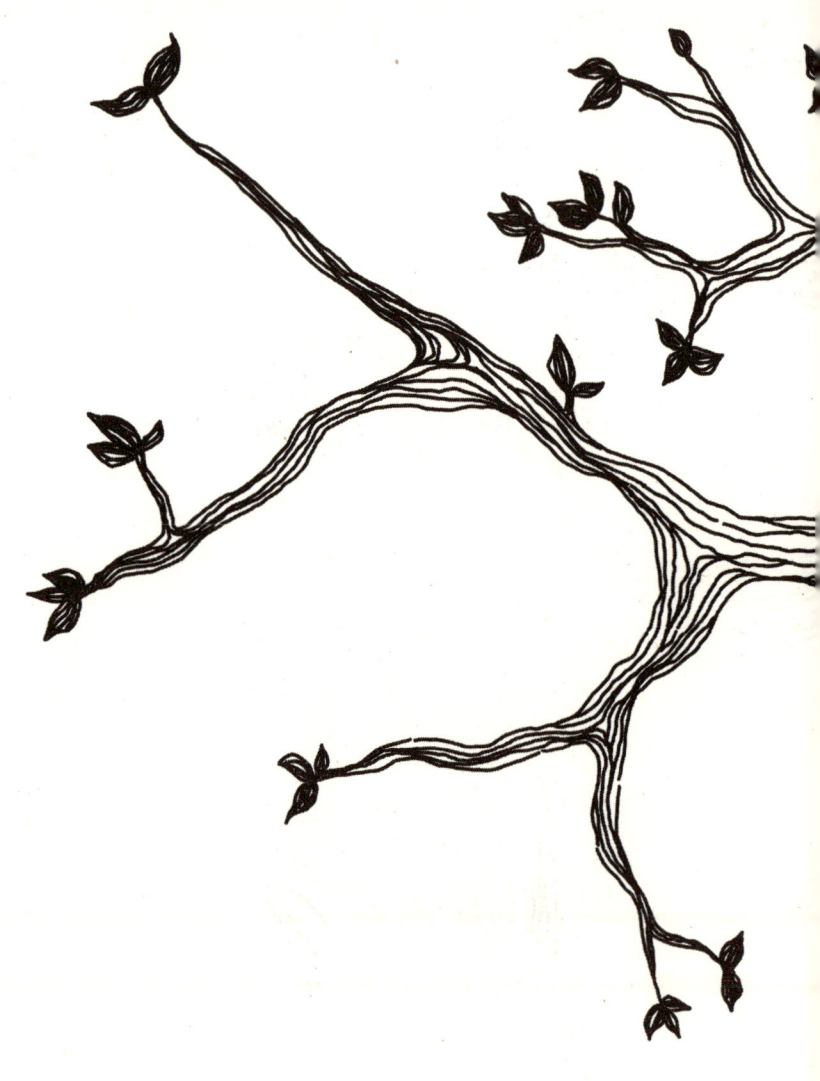

¿Quién vive en este árbol?

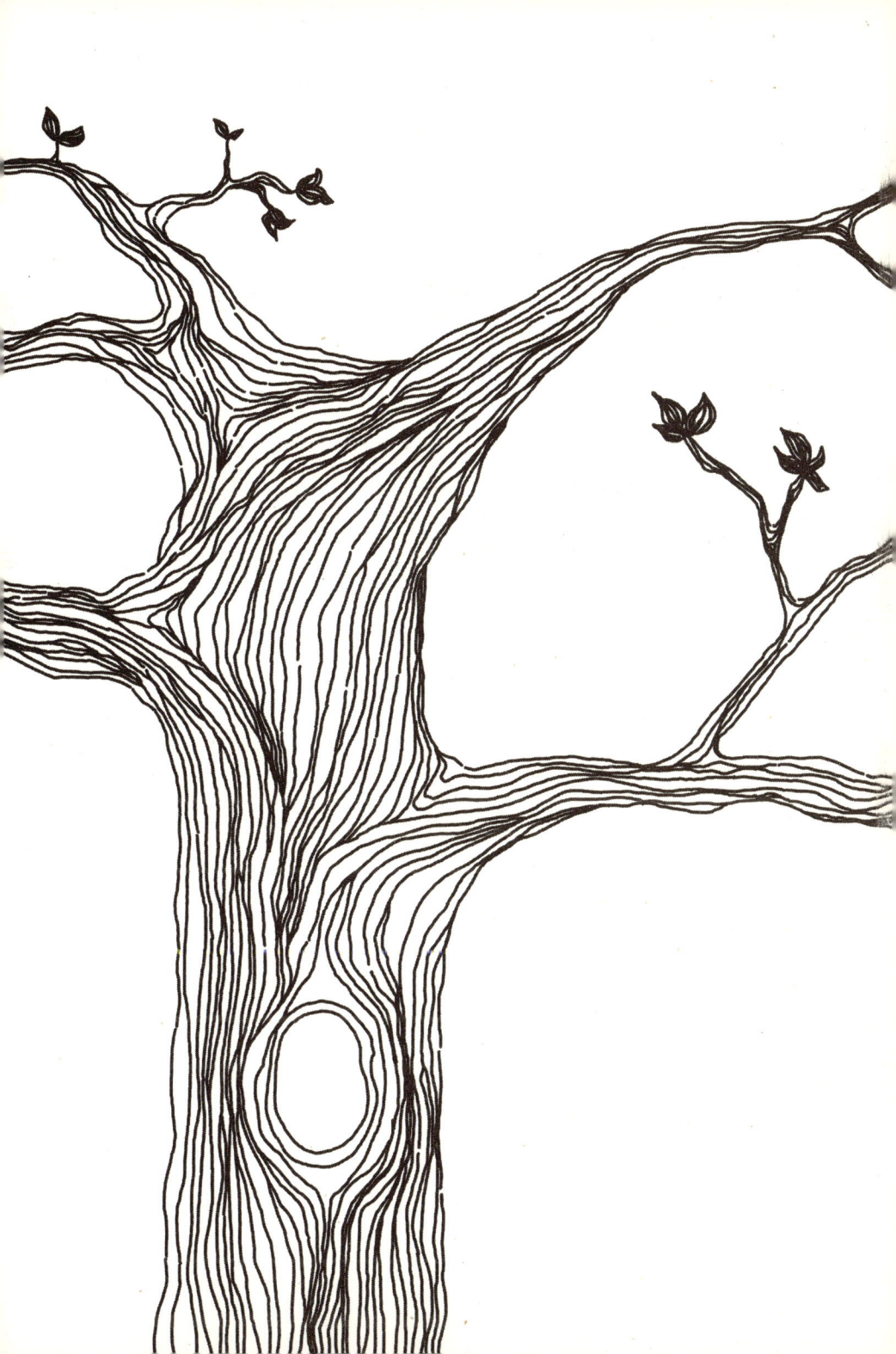

Dibujos que se derivan de las fases de la luna:

(una astilla de algo.

(mitad de algo.

○ casi todo de algo.

○ el todo de algo brillante.

Dibuja una partitura imaginaria.

Retira las capas de una cebolla:
¿a qué profundidad llegan?

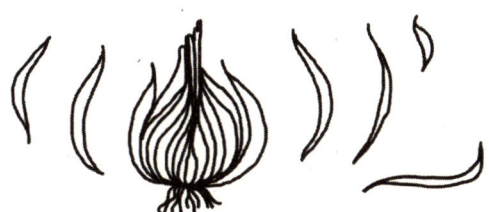

Encuentra un objeto
—puede ser especial u ordinario—
    que puedas sostener en tu mano.

Dibuja su contorno.

Dibuja su interior.

Dibuja tu mano alrededor del objeto.

Un camino imaginario.

¿Qué aspecto
tiene el terreno?

¿Adónde conduce?

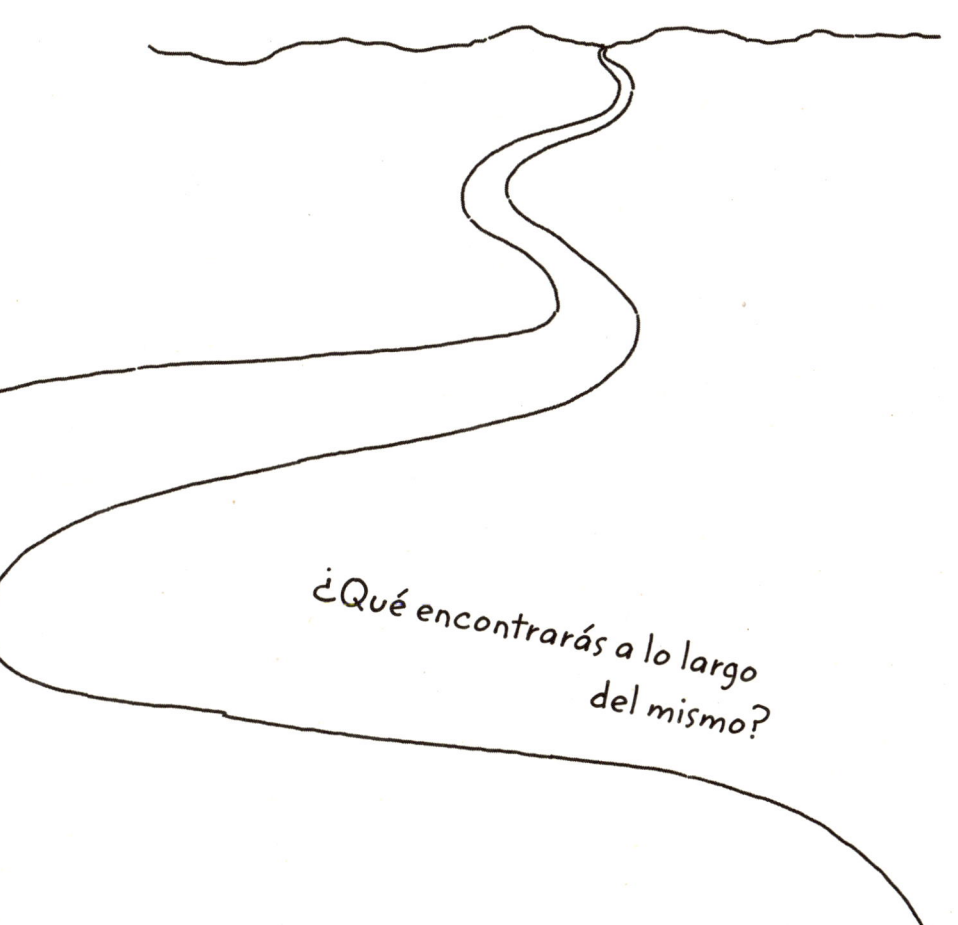

¿Qué encontrarás a lo largo
del mismo?

Dibuja tu autorretrato si fueras un árbol...

... si fueras una flor.

Dibuja el retrato de un desconocido al que viste una vez
y que jamás volviste a ver.

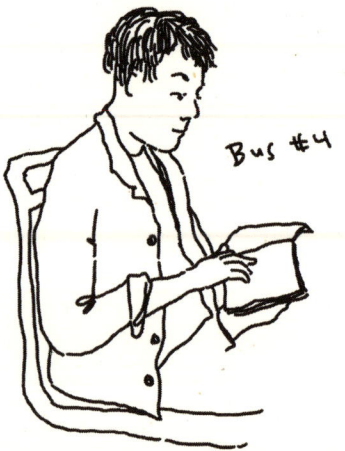

Bus #4

El retrato de alguien a quien viste
solo una o dos veces.

Símbolos de poder y de vulnerabilidad:

un cuchillo, una piedra, un castillo...

Una flor, un ecosistema,
un animal pequeño...

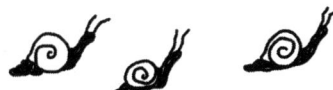

La orilla de un precipicio...
    ¿Qué habrá del otro lado?

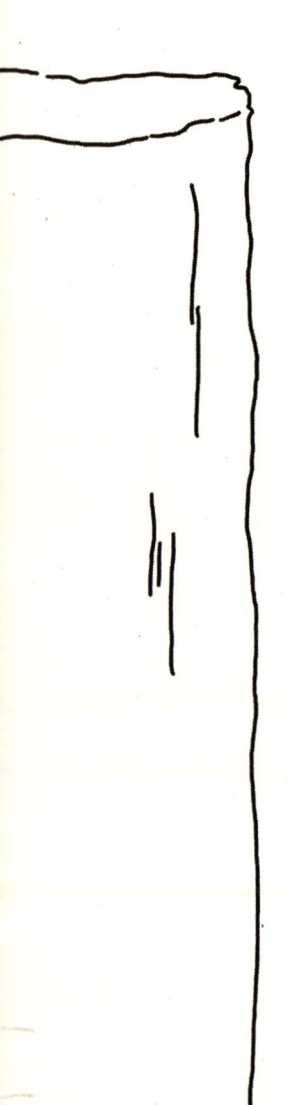

Un cielo lleno de gotas de lluvia, o de lágrimas.

Dibuja los pliegues de una pasa,

una nuez pecana, un rostro envejecido.

Dibuja los anillos de un árbol...

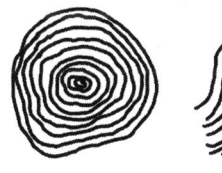 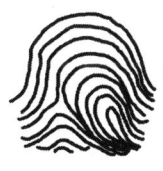

... una huella digital.

Cuerdas y nudos y trenzas.

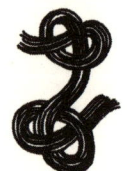

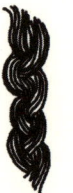

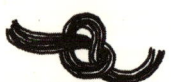

¿Cuántas partes de ti
puedes identificar?

Dibújalas como figuras.

Dibuja una habitación.

Dibuja la esquina de una habitación.

Dibuja un río por la noche,

la luna reflejada en sus rápidos,

siluetas de árboles y peces que saltan del agua.

¿Cuál es el potencial
de estas semillas?

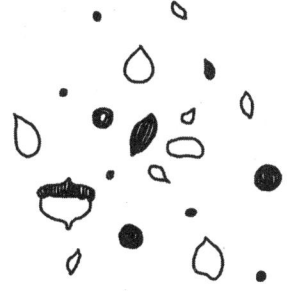

¿En qué se convertirán?

Dibuja y presta atención a los patrones
de una concha marina.

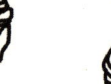

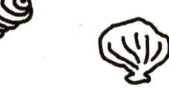

Dibuja el cielo a partir de un sueño.

¿Cómo dibujarías un sonido?

¿Qué hay dentro de esta olla de sopa?
Comida o no comida,
viejos sentimientos,
tomates,
piedras,
hojas...

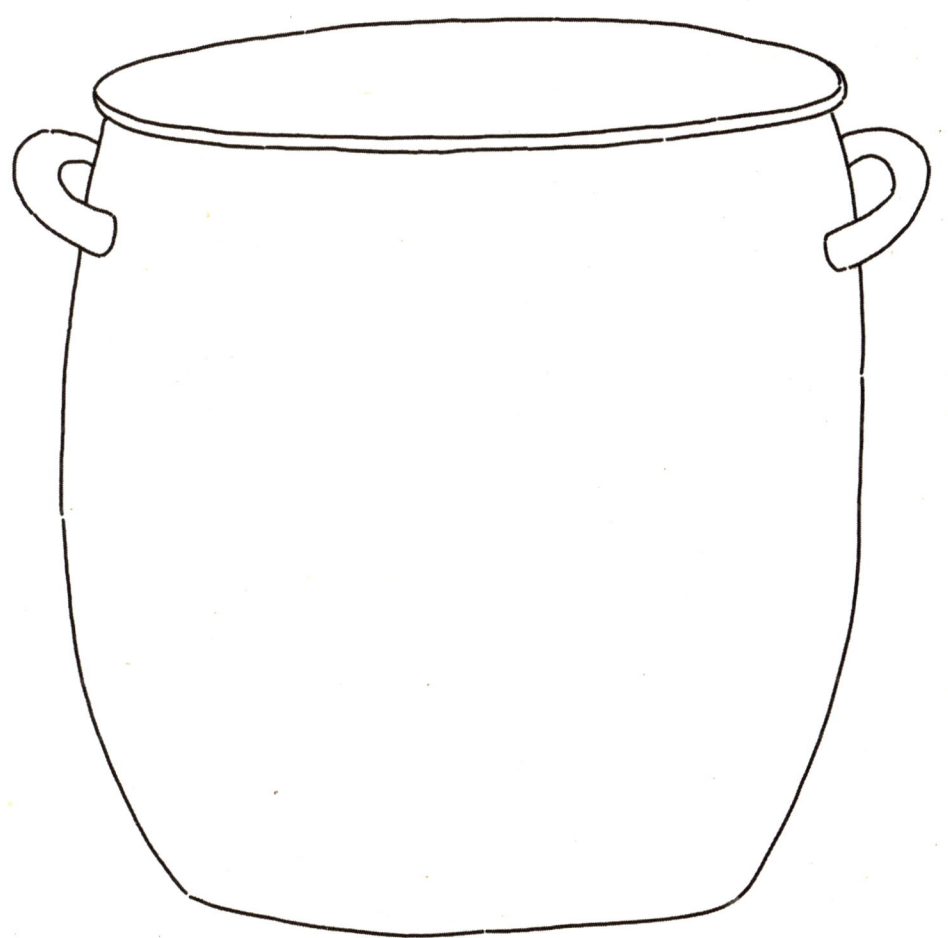

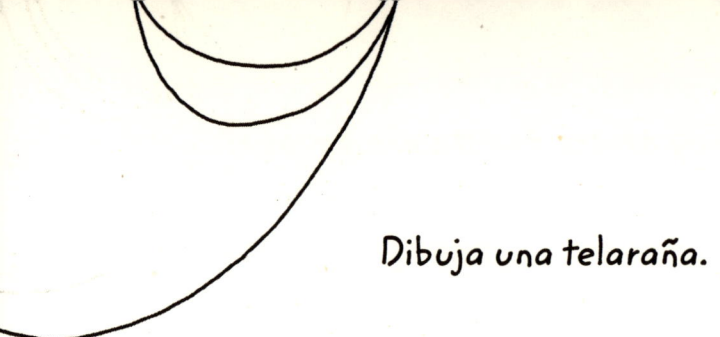

Dibuja una telaraña.

¿Hay algo atrapado en ella?

Símbolos de estabilidad:
montañas, minerales, continentes...

Símbolos de inestabilidad:
sistemas climáticos, corrientes de aire,
viento, cambios estacionales...

Olas de todos los tamaños:
ondas, olas, un gentil riachuelo…

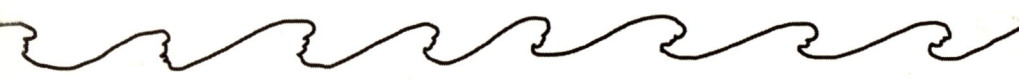

Escaleras, reales o imaginarias.

¿Adónde conducen?

Un camino de piedras.

¿Sobre qué estás pisando?
¿Hacia dónde conduce?

Principios y finales:
  la salida del sol, su puesta.

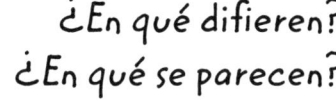

¿En qué difieren?
¿En qué se parecen?

Dibuja un árbol de noche.

Un árbol en el viento.
Un árbol en invierno.

Una enredadera.

Un vasto cañón lleno de rocas coloridas.

Reguemos semillas: ¿qué está brotando?
¿Raíces delicadas,
flores diminutas,
un gran árbol?

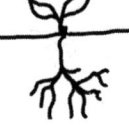

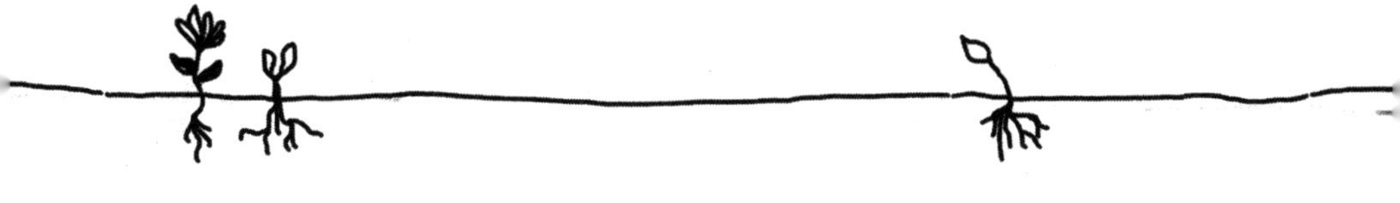

Tres maneras
de dibujar flores:

Empieza desde
afuera.

Empieza desde
abajo.

Empieza desde
adentro.

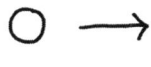 

Una cesta de preocupaciones,

¿qué contiene?

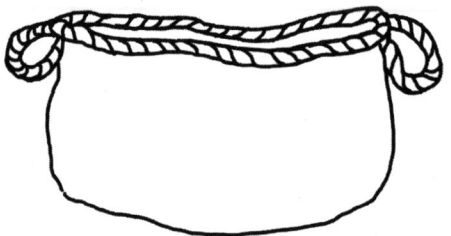

Dibuja una palabra o muchas
(resístete al impulso de
darles sentido).

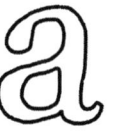

Una bandada
　　　　que viene y va,
　　que descansa,
　　　que anida,
　　que emite sonidos.

Una escena: una acera llena de gente,

clima frío y soleado, personas ocupadas

de todas las edades.

Una escena: asfalto mojado después de una lluvia, hojas desperdigadas, gusanos y caracoles, charcos, un perro que ladra.

Un mapa imaginario
donde señales sentimientos, estados de ánimo, lugares...

... destinos físicos y emocionales.

Dibuja un símbolo o imagen de la anticipación.

Dibuja un símbolo o imagen del afecto.

Dibuja el estado actual de tu mente:
un tren de pensamiento,
sinapsis conectadas,
imágenes mentales...

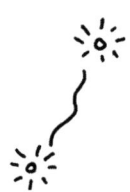

Objetos naturales y
objetos hechos por la humanidad.

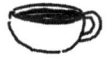

Dibujos para los cinco sentidos.

TOCA

SABOREA

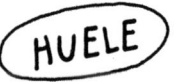

HUELE

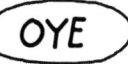

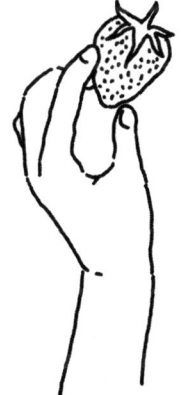

Una imagen del día de hoy.

Una imagen del día de mañana.

Dibuja fuego.
Una fogata.
Una chimenea.
Una escalera de incendios.

Dibuja imágenes espejo.

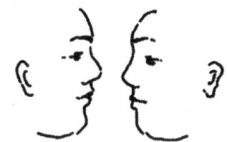

Observa y dibuja las venas de una hoja.

Las venas de tu mano.

Dibújate a ti desde diferentes perspectivas:
desde arriba,
desde abajo,

de lado,
etcétera.

Dibuja la habitación de tu infancia...

...y un objeto que fuera especial para ti en esa etapa.

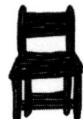

Objetos para interiores y
objetos para exteriores.

Dibuja la planta, animal o persona
más cercana a donde te encuentras en este momento.

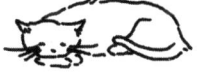

Dibuja algo que no puedas tocar
(una planta o una estrella, magma, la
punta de una secuoya...).

Dibuja algo que no puedas ver
(una célula o un virus, un chisme,
una sensación corporal, el viento...).

Dibuja a alguien a quien conocías bien,
pero con quien ya no estés en contacto.

Dibuja a alguien a quien desearías conocer.

Algo bello y algo feo.

Dibuja un eco.

Un paisaje urbano lleno de ventanas.

Un paisaje celeste lleno de estrellas.

Una línea continua que no forma nada en particular.

Un dibujo de un objeto, persona o animal,
hecho con una sola línea continua.

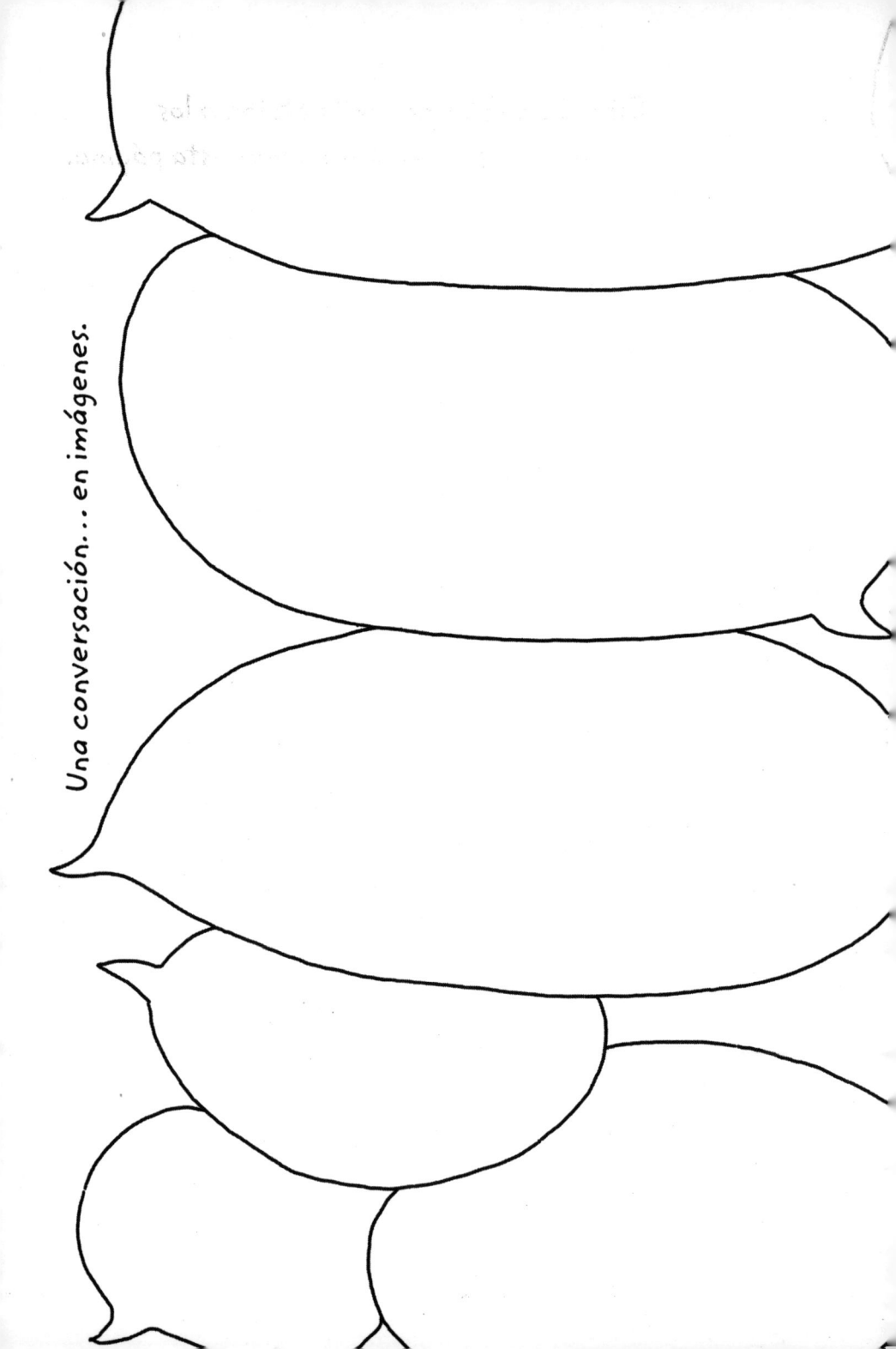

Una conversación... en imágenes.

Dibuja una flor con mil pétalos, o los
suficientes como para llenar esta página.

Dibuja el sentimiento de una noche completa de sueño.

Dibuja la sensación de nadar.

Autorretrato: ¿qué aspecto tienes
a través de los ojos de alguien más?

¿Qué hay al otro lado
del horizonte?

Algo viejo y algo nuevo.

Algo perdido y
algo regalado.

Boceto matutino: un ritual, un tipo particular de luz, una temperatura...

Retrato de la luna
a través de una ventana.

Buenas
noches, luna.

Un dibujo para la palabra **Sí**.

Un dibujo para la palabra **no.**

El retrato de alguien
que te ha ayudado.

El retrato de alguien
con quien te gustaría disculparte.

Dibuja un árbol en primavera, verano...

... en otoño e invierno.

Un gran árbol con raíces profundas.

Una maceta de flores delicadas.

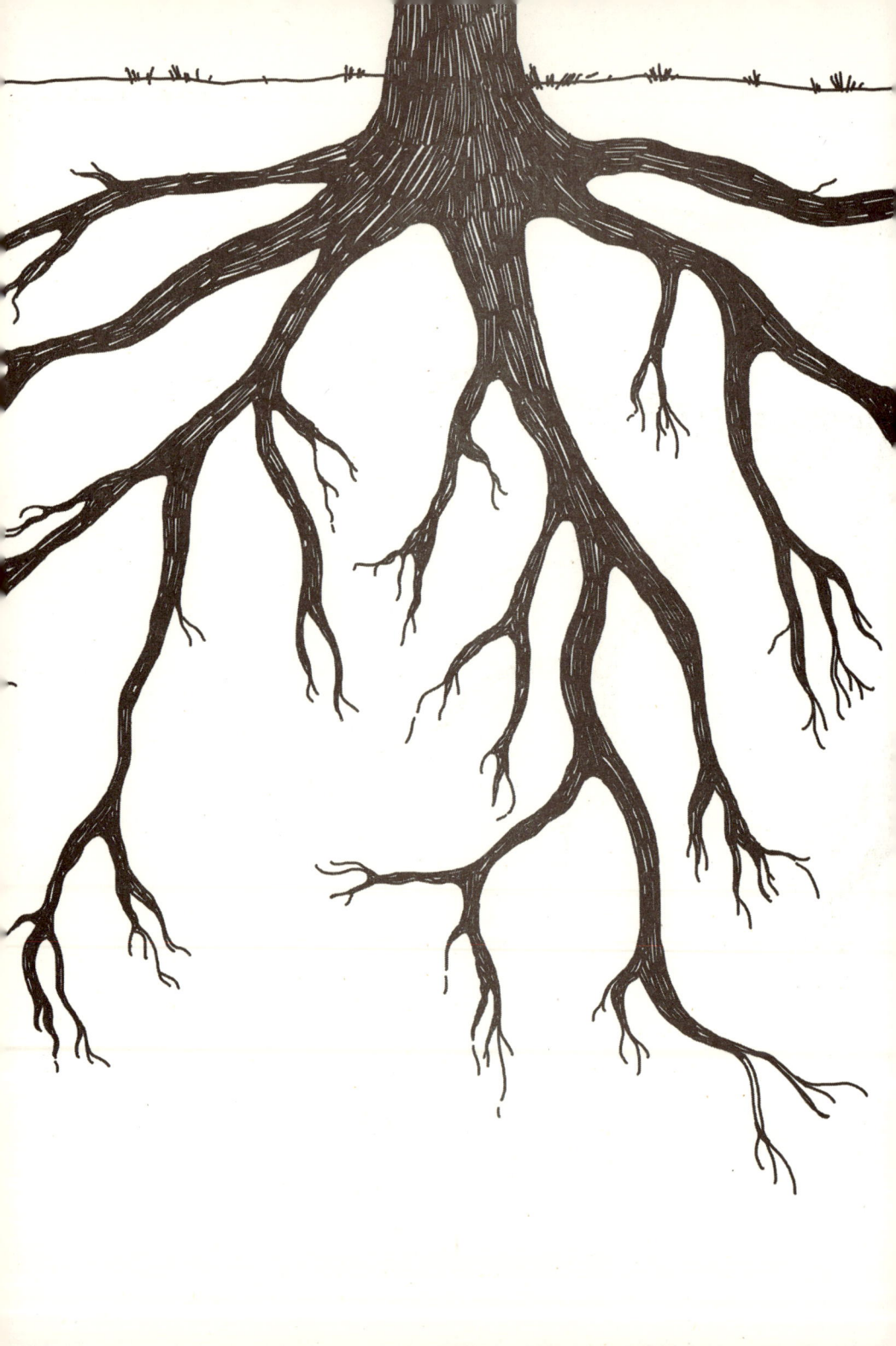

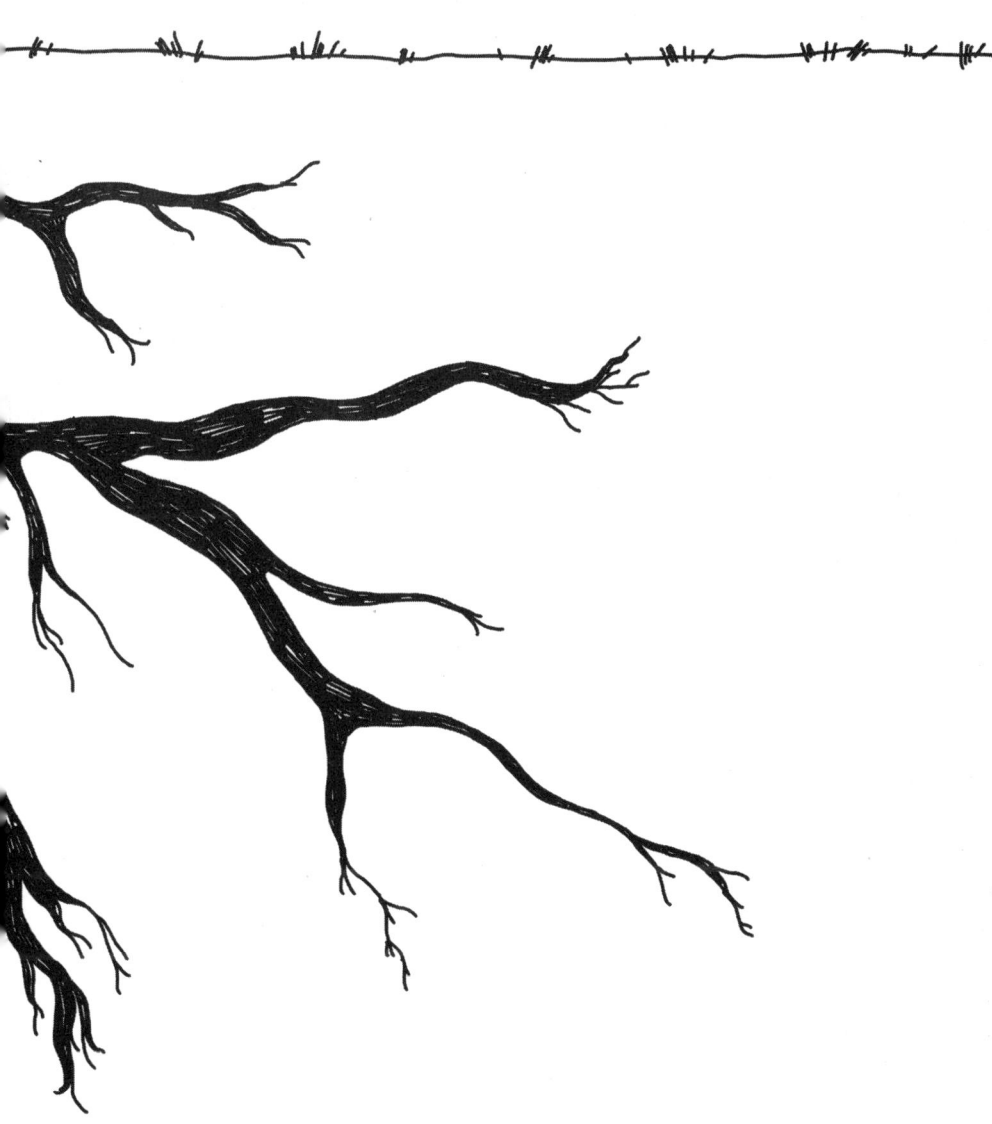

¿Qué vive entre
estas raíces?

El exterior durante una tormenta de nieve
(la nieve que pesa sobre ramas,
una persona que camina contra el viento,
pisadas profundas,
huellas de animales...).

El interior durante una tormenta de nieve
(una ventana empañada, una chimenea,
una manta cálida…).

Objetos movidos por el viento.

Corta un recuadro para mirar el cielo.

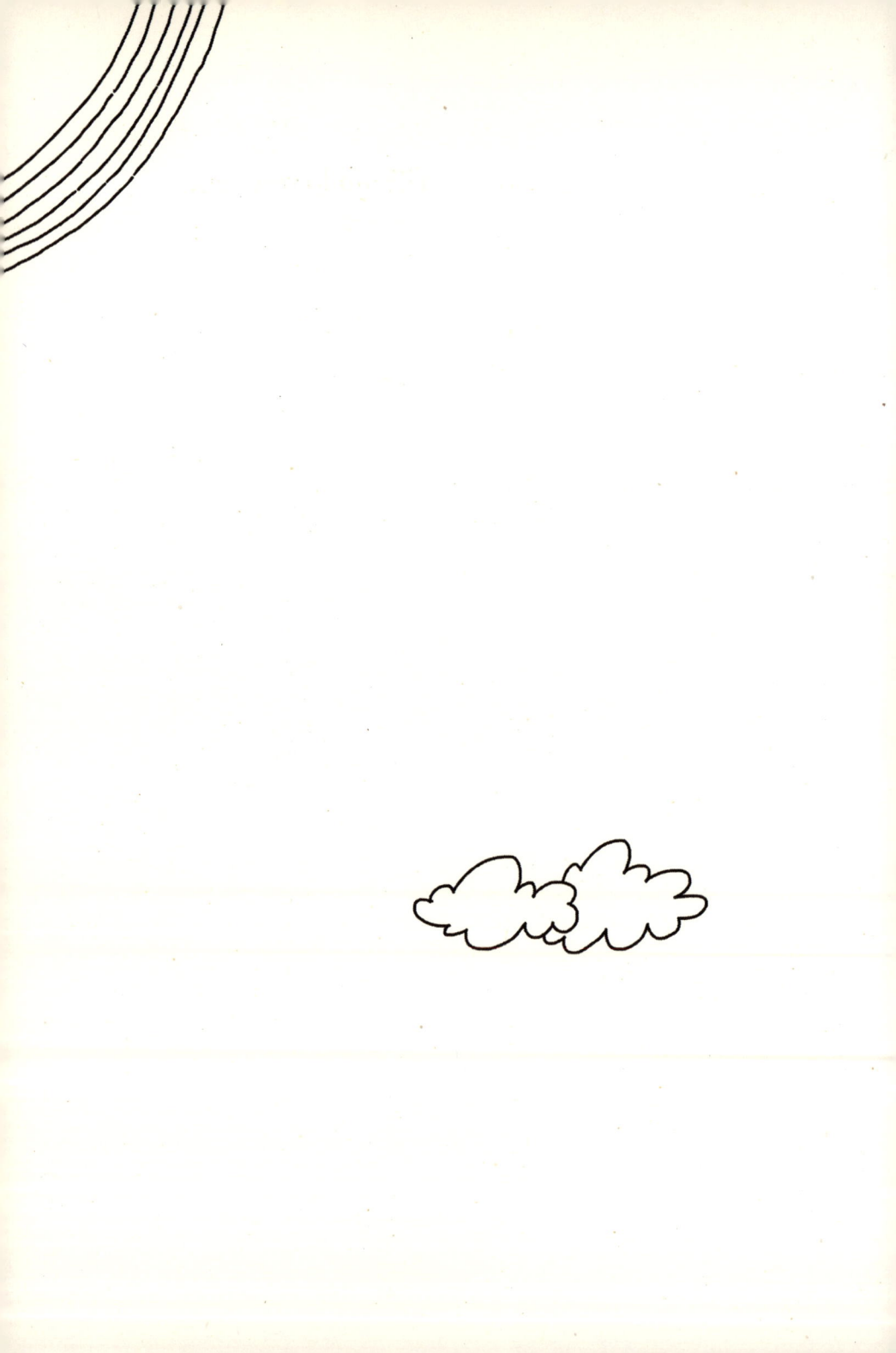

Dibuja lo que ves.

Dibuja a alguien a quien estás agradecido.

Dibuja algo que te enorgullece.

Algo sencillo...

. . . y algo complicado.

Páginas de posibilidades infinitas.

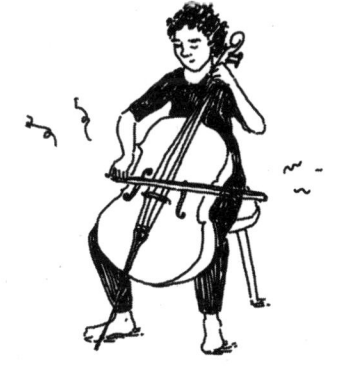

Gracias

A Marijke y al Oregon Drawing Club
A mi editora, Marian en Tarcher Perigee
Vanessa, Rashel, Jelly, Jen, Padraic
A las cuidadoras de bebés: Heather, Linda,
Marijke, mamá,
Fran y Jessica y Sarah.

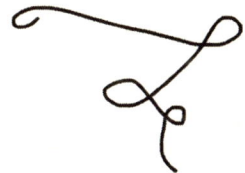

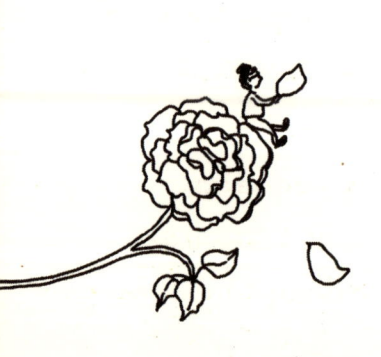

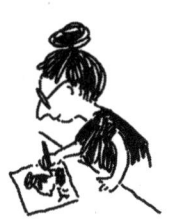

Acerca de la autora

Mia Nolting trabaja en la intersección de la escritura, la ilustración y la publicación. Nacida en Japón y criada en California, ahora vive en Portland, Oregón. Sus clientes incluyen a Nike, The New York Times, Whole Foods y otras empresas, tanto grandes como pequeñas. Puedes encontrarla en Instagram @mianolting y en mianolting.com

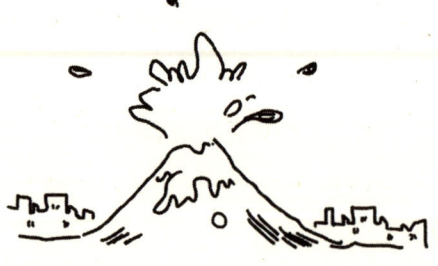